山东省阳谷县特殊教育培训学校校本教材

习惯养成教育读本

潘秀焕 主编

山东大学出版社

图书在版编目（CIP）数据

习惯养成教育读本/潘秀焕主编. —济南：山东大学出版社，2017.4
ISBN 978-7-5607-5741-4

Ⅰ.①习… Ⅱ.①潘… Ⅲ.①小学生-习惯性-能力培养 Ⅳ.①G625.5

中国版本图书馆CIP数据核字（2017）第069918号

责任编辑：李艳玲
封面设计：牛　钧

出版发行：山东大学出版社
社址：山东省济南市山大南路20号
邮编：250100
电话：市场部（0531）88364466
经销：山东省新华书店
印刷：济南华林彩印有限公司
规格：787毫米×1092毫米　1/16　4.75印张　70千字
版次：2017年4月第1版
印次：2017年4月第1次印刷
定价：16.00元

《习惯养成教育读本》
编委会

主　编： 潘秀焕

副主编： （按姓氏笔画为序）

刘香菊　张兴娥　程蕴郁

编　委： （按姓氏笔画为序）

王红云　王鹤英　刘香菊　李丽萍
李明华　李桂华　杨学英　张兴娥
孟　宁　国贵珍　龚　康　鲁福印
甄守平

校长寄语：

在阳光下生活 在习惯中成长

学校是文化滋养的沃土，幸福成长的乐园。我希望你们在这里学会生活，学会学习，学会交往，学会生存，养成好习惯，塑造好品格。只要用心，注重细节，并且与好习惯交朋友，每天进步一点点，每天收获一点点，你就会发现自己是最快乐、最优秀的！

目　录

第一篇　生活习惯教育

第二篇　行为习惯教育

第三篇　学习习惯教育

第四篇 文明礼仪教育

第五篇 安全教育

第一篇

生活习惯教育

按时起床
个人卫生
正确洗刷
生活习惯
教育
文明就寝
文明用餐
文明如厕

第一节　按时起床

观察站

仔细观察下图，同学们在做什么？

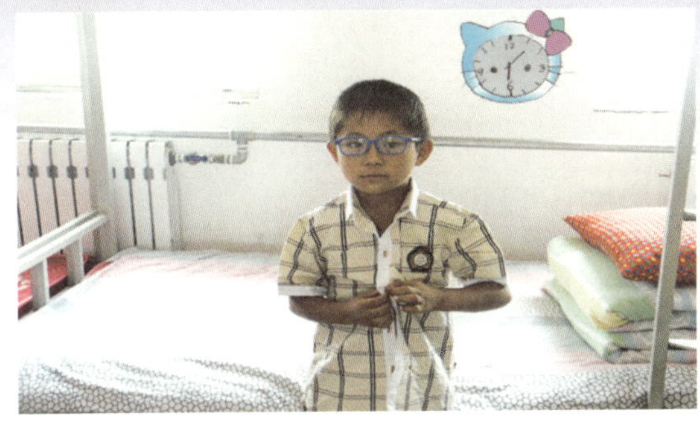

1. 每天早晨按时起床。

2. 穿上衣，穿裤子，穿袜子和鞋子。

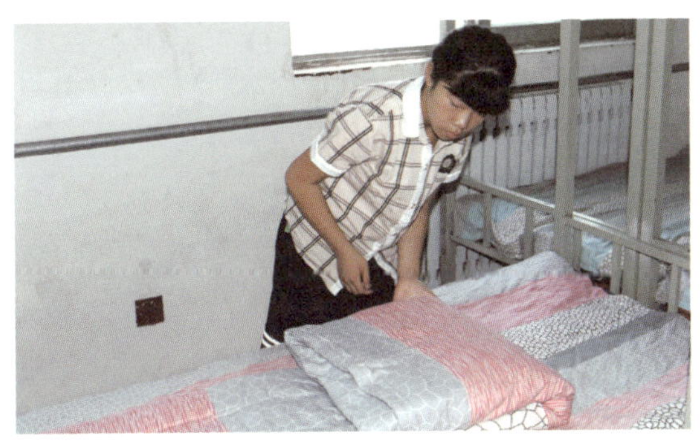

3. 叠好被子并摆放整齐。

4. 把床铺整理平整、干净。

诵儿歌

起床歌

睡觉时，能独立；
起床后，会整理；
叠被子，多练习；
小床铺，弄整齐。

穿衣歌

小胳膊，穿袖子；
穿上衣，扣扣子；
小脚丫，穿裤子；
穿上袜子穿鞋子。

1. 起床时，你是怎样穿衣服的？
2. 起床后你会叠被子吗？同学们一定要养成叠被子的好习惯哦！

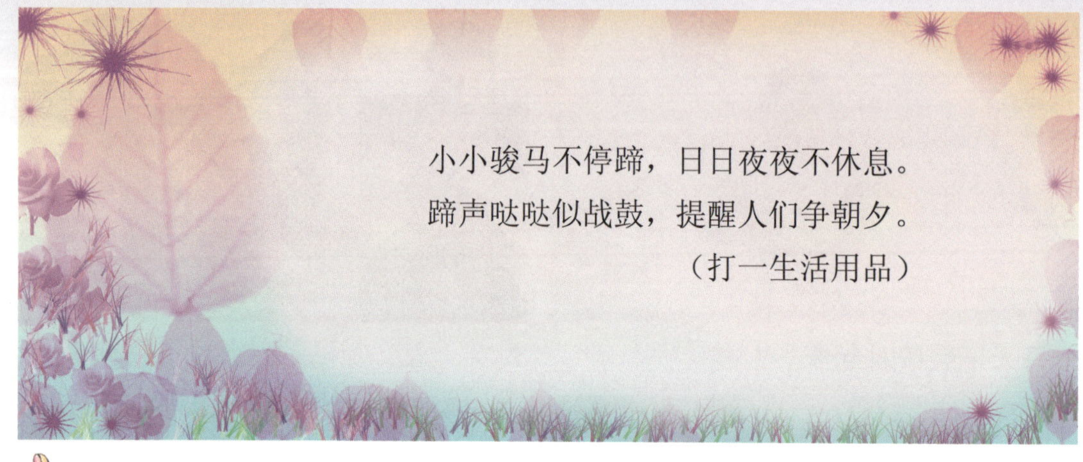

1. 每天早睡早起，养成按时起床的好习惯。
2. 穿衣要干净整齐，动作要迅速、有条理。
3. 起床后，要自觉主动地叠好被褥，及时整理好房间。
4. 每天起床后，向老师或父母问好。

第二节　正确洗刷

仔细观察，把图片和相应的文字连在一起：

①洗刷完，把洗刷用具放回原处。

②排队到水管前洗刷。

③正确洗脸、洗手，也要洗洗脖子和手腕。

④正确刷牙、漱口。

⑤拿好洗刷用具排队下楼，上下楼梯靠右，靠边行走。

⑥学会梳头，把头发梳理好。

诵儿歌

刷牙歌

小牙刷，手里拿，挤点牙膏把牙刷。
上面刷，下面刷，牙齿刷得白花花。

智慧树

1. 你会正确洗手、洗脸吗？比比看谁洗得更干净。
2. 洗刷时，你应该注意什么？

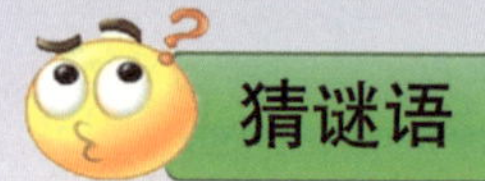

猜谜语

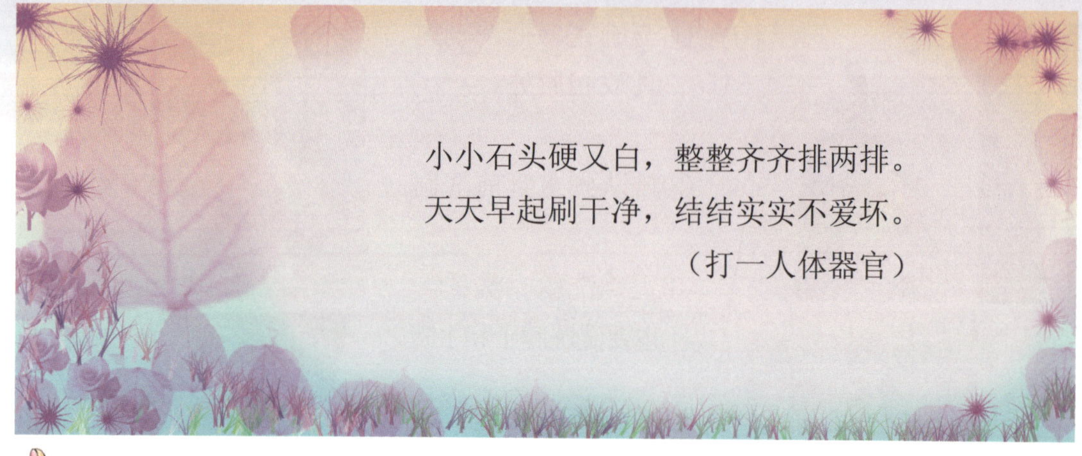

小小石头硬又白，整整齐齐排两排。
天天早起刷干净，结结实实不爱坏。
（打一人体器官）

知识导航

1. 洗脸时，不仅要把脸洗干净，也要洗洗脖子。
2. 洗刷后，把毛巾洗净拧干，晾在通风处。
3. 刷牙时，上刷下刷，左刷右刷，里刷外刷，方法要正确。
4. 饭后要漱口，保持口腔清洁。
5. 每天早晚要梳头，把头发梳顺。

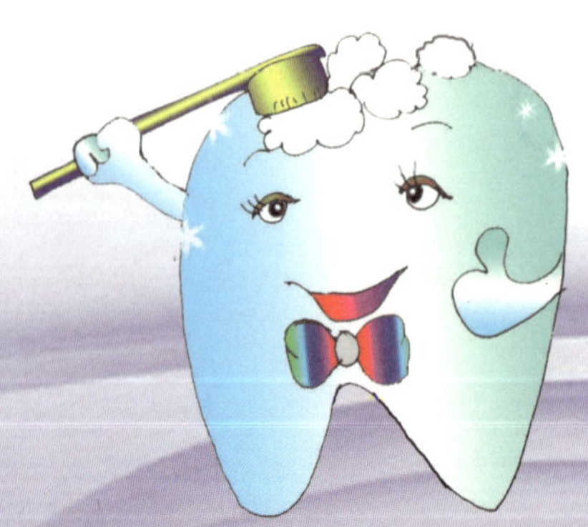

第三节　文明用餐

观察站

仔细观察下图，同学们做得对吗？为什么？

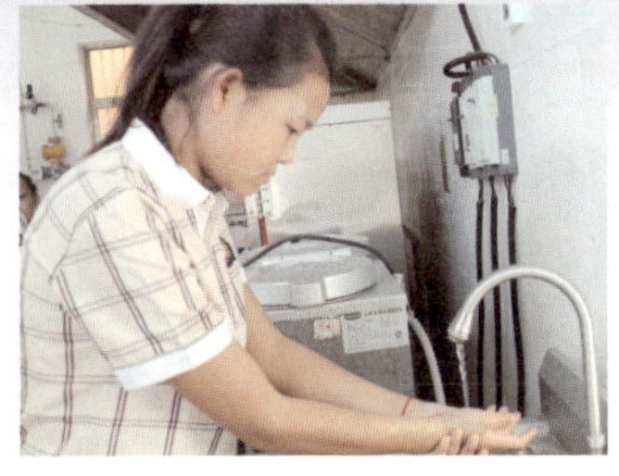

诵儿歌

进餐礼仪歌

要做文明好孩子，就餐礼仪不能少。
筷子勺子不乱敲，讲话嬉笑可不好。
不挑食来不剩饭，细嚼慢咽肠胃好。
餐后收拾少不了，比比看谁做得好！

智慧树

1. 同学们，你们是怎样文明用餐的？
2. 用餐时，你应该注意哪些事情？

知识导航

1. 拿好餐具排好队，不敲打餐具，不乱扔东西。

2. 在指定位置安静用餐，不打闹，不乱跑。

3. 饭后把自己的餐具洗刷干净，摆放整齐。

4. 正确认识开水炉上的指示灯，排队取水，以免烫伤。

第四节　文明如厕

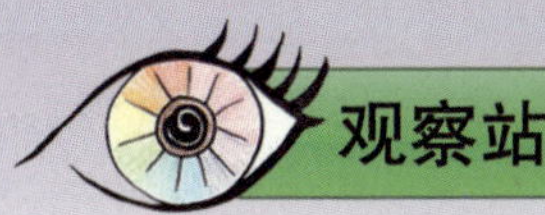

仔细观察下图，他们这样做对吗？

诵儿歌

文明如厕

小朋友，讲卫生，
上完厕所冲一冲。
小手按下水阀门，
水儿哗哗流出来。
冲掉异味空气好，
我是健康乖宝宝。

智慧树

1. 想一想，你在如厕时有哪些不良的习惯？应该如何改正？
2. 说一说你见到的文明如厕标语。

知识导航

1. 依次排队进出厕所，不在厕所内推搡打闹。

2. 大小便入马桶或便池。

3. 便纸入筐，保持厕所卫生。

4. 便后正确使用冲水阀门、按钮，及时冲刷马桶或便池。

5. 把厕所内的卫生工具摆放整齐。

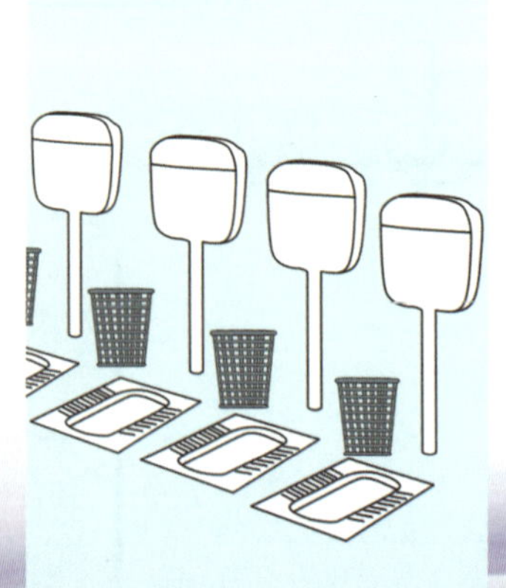

6. 禁止在厕所墙上、地上乱写乱画。

第五节　文明就寝

观察站

下图中小朋友的就寝行为对吗？为什么？

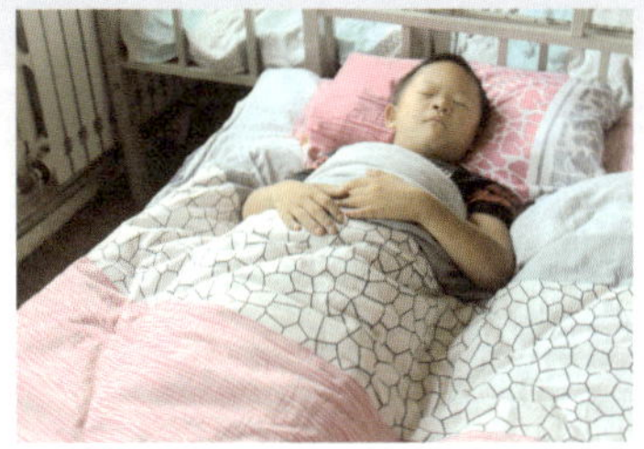
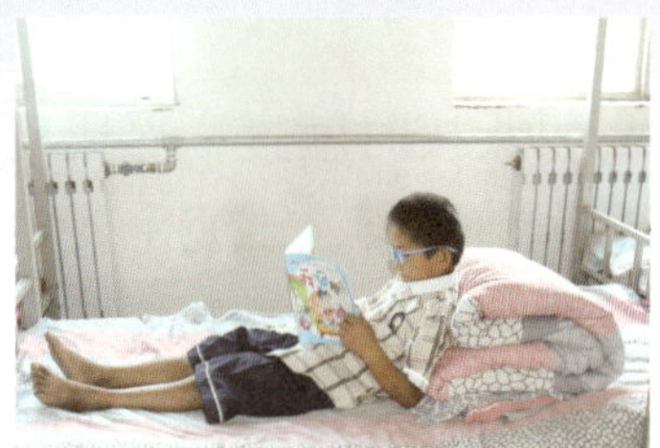
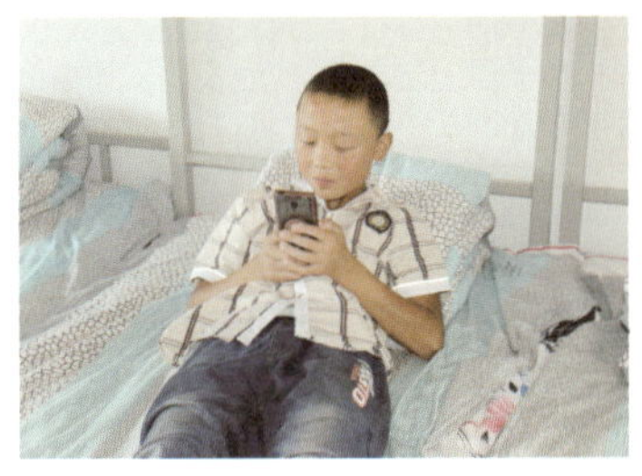
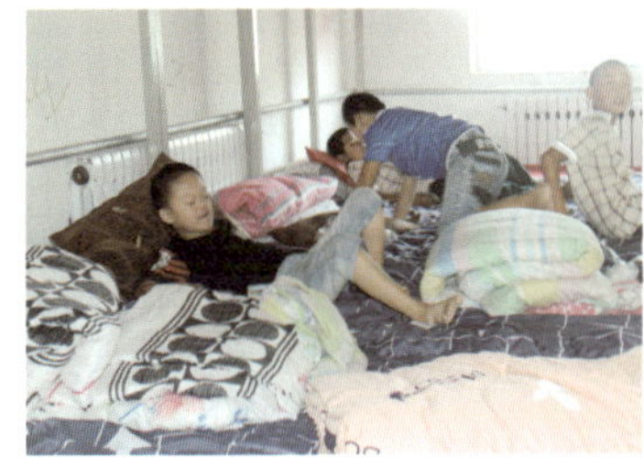
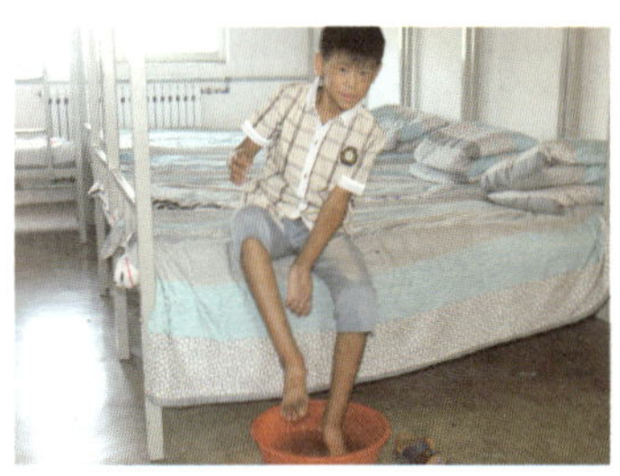

诵儿歌

文明就寝

睡觉前，先如厕，
轻入室，有秩序。
脱衣后，要放好，
洗脚后，再上床。
安静睡，不讲话，
大小便，步要轻。
被盖好，右侧睡，
快入梦，睡得香！

智慧树

1. 你有哪些就寝习惯？哪些需要坚持？哪些需要改正？
2. 同学们，你知道还要养成哪些良好的就寝习惯吗？

知识导航

1. 每天按时就寝，养成良好的作息习惯。
2. 睡前洗脚，讲究个人卫生。
3. 睡前准备好第二天要穿的衣物、鞋子等。
4. 在宿舍内不打闹、不喧哗，安静就寝。
5. 不把刀具、打火机等危险品带入宿舍，不点蜡烛，不使用电热毯等易发生火灾的电器。
6. 宿舍内不乱扔纸屑、果皮、食品袋等杂物，保持清洁卫生。

第六节　个人卫生

下图中小朋友的做法对吗？为什么？

诵儿歌

卫生好习惯

小剪刀，手中拿，
自己动手剪指甲。
小手绢，手中拿，
有了鼻涕用它擦。
小牙刷，手中拿，
早晨晚上都刷牙。
养成卫生好习惯，
干净娃娃人人夸。

学一学：你能按照以下步骤正确洗手吗?

挽袖口

浸湿手

擦香皂

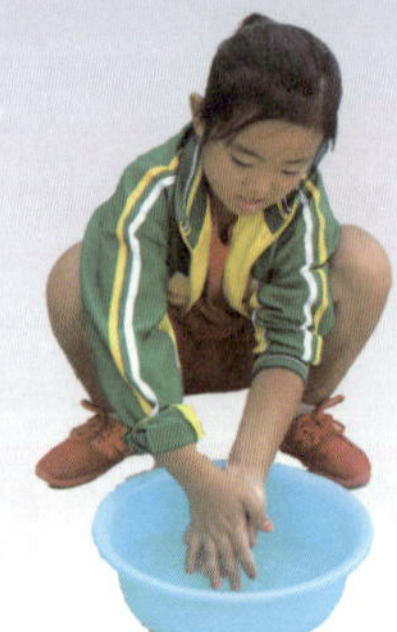
搓手心

搓手背

交叉搓

清水洗

擦干手

八个卫生好习惯

1. 饭前便后洗手，手脏了及时洗。
2. 早晚刷牙。
3. 每晚洗脚、洗袜子。
4. 不喝生水，吃水果前先洗净。
5. 不随意席地而坐。
6. 常换衣服常洗澡。
7. 不随地吐痰，不乱扔垃圾。
8. 随手整理好用具和衣物。

第二篇
行为习惯教育

认真值日
勤俭节约
课间活动
热爱劳动
升旗仪式
行为习惯教育
爱护环境
行走礼仪
爱护公物
学会就医
放学离校

第一节　认真值日

观察站

值日时，同学们都在做什么？

1. 同学们分工合作打扫教室。

2. 小娇在仔细地擦玻璃。

3. 小达和小勇在打扫宿舍卫生。

4. 同学们在认真地打扫校园。

诵儿歌

值日歌

扫地板，拖干净，讲究卫生要牢记。
擦黑板，抹桌椅，对齐课桌倒垃圾。
清洁工具摆放齐，关好门窗回家去。

智慧树

1. 说一说你是怎样值日的。
2. 你认为值日时应注意哪些问题？

知识导航

打扫教室时，要先把凳子放到桌子上，再用扫帚扫地，然后用拖把拖地，最后把垃圾倒入垃圾桶或垃圾箱内，并把劳动工具摆放整齐。

第二节　课间活动

观察站

图中同学们都在进行哪些课间活动？你还参加过哪些课间活动？

诵儿歌

运动　健康　快乐　成长

世界真美好

大公鸡喔喔叫，外面的世界多美妙。
小朋友们排好队，大家快快来做操。
集合队伍快静齐，间隔距离要保持。
伸伸胳膊弯弯腰，天天锻炼身体好。

智慧树

1. 你最喜欢哪一项课间活动？说一说理由。
2. 自由发言："两操"是什么？做"两操"有哪些好处？

知识导航

1. 跑操前，站队要做到快、静、齐，不拖拉、不说话、不打闹。
2. 跑操时，听从老师指挥，队伍要整齐，步伐要一致，口号要响亮，速度要适中。有意外情况发生时，要及时出列，并寻求老师的帮助。
3. 做操时，动作要规范整齐，标准到位。
4. 课间活动要文明游戏，不要大声喧哗，更不要追逐打闹。

第三节　升旗仪式

观察站

1. 升旗时，同学们准时到国旗前集合，做到快、静、齐。

2. 旗手正步执旗、护旗，并匀速升旗。

3. 奏国歌时，全体师生面对国旗行队礼或注目礼。

4. 同学们在国旗下认真听讲话。

诵儿歌

升国旗儿歌

我们来到操场上，升国旗，奏国歌。
大家都行注目礼，少先队员行队礼。
小朋友，要严肃，小眼睛，看国旗。
身站直，不乱晃，唱国歌，要响亮。
我们将来长大了，建设祖国更美丽。

智慧树

1. 升旗集合时，同学们应该做到哪三点？
2. 升旗时，你会怎么做？

知识导航

1. 升旗集合时，要做到队伍快、静、齐，不说笑，不打闹。
2. 升旗时，全体肃静脱帽，行注目礼，少先队员要行队礼。
3. 唱国歌时，声音洪亮，态度严肃。
4. 听国旗下的讲话时，神情要专注，要适时适度鼓掌。

拓展视野

国旗

中华人民共和国国旗是五星红旗，旗上的五颗星象征共产党领导下的中国人民大团结。

国徽

国徽是中华人民共和国的象征，齿轮和谷穗象征工农联盟，五星代表中国人民大团结。

国歌

中华人民共和国国歌是由田汉作词、聂耳作曲的《义勇军进行曲》，是国家民族精神的象征。

第四节　行走礼仪

观察站

观察图中的同学，他们坐立行走的姿势正确吗？你要向谁学习？

诵儿歌

行走之礼

小学生，知礼仪，行走礼，要牢记。
教室里，轻轻走，走廊上，慢慢走。
转弯口，减速走，上下楼梯靠右走。
几人结伴不打闹，集体行动列队走。
遇上拥挤停三分，主动谦让安全走。

智慧树

1. 你走路的姿势正确吗？如果不正确，你应该怎样改正呢？
2. 小组讨论：班里谁的坐姿最好？同学们应该向谁学习？

知识导航

1. 走路要抬头挺胸，目视前方，两臂自然摆动，步速适中。
2. 落座时，上身要直，两手自然放平，两脚与肩同宽。
3. 当遇到亲朋好友时要打招呼，但不能站在路中间或人多拥挤的地方谈话。
4. 走路时要互相礼让，主动给他人让路。

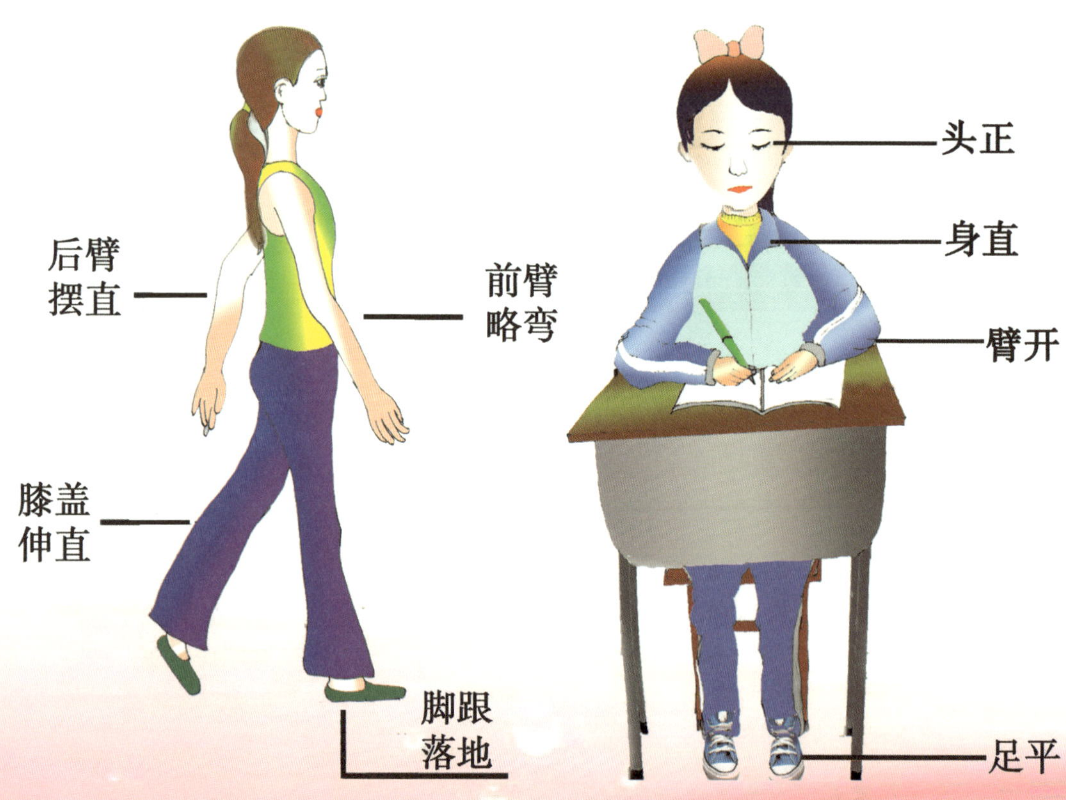

第五节　学会就医

观察站

观察下图，说说他们在做什么。

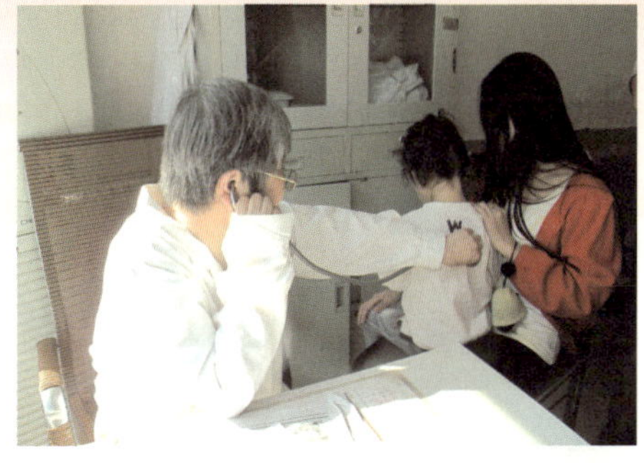

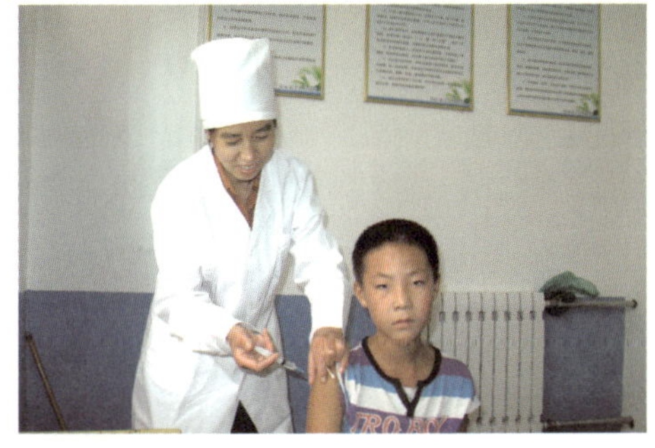

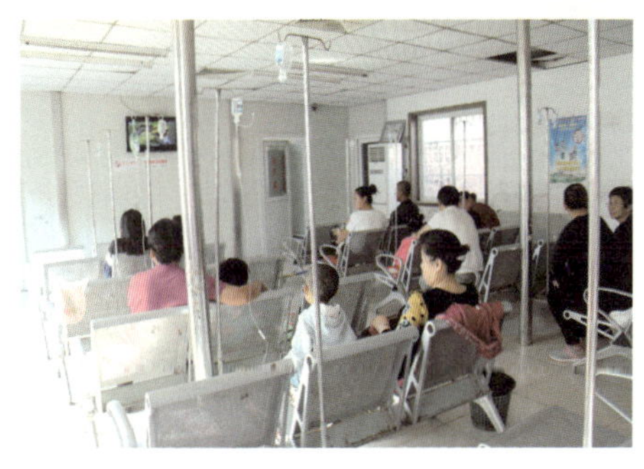

诵儿歌

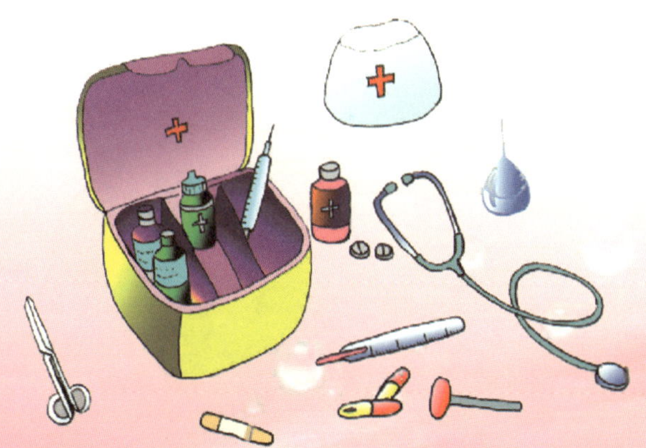

打针吃药我不怕

小小药片真神奇，
有病它能帮你治。
小小针筒了不起，
病菌它都能杀死。
打针吃药我不怕，
身体健康乐哈哈。

智慧树

当你感冒或者身体不舒服的时候，你会怎么做?

知识导航

1. 当我们身体不舒服时，要及时告知老师，并去医务室诊治。
2. 我们要向医生如实说明病情，并配合治疗。
3. 当医生告知你需要休息时，你应向老师请假。

拓展视野

1. 为什么不能喝生水？

因为生水中含有的病菌、虫卵，可引起肠道传染病和肠道寄生虫病。

2. 为什么不能吃腐烂变质的食物？

因为腐烂变质的食物中含有大量病菌和毒素，吃后会引发食物中毒、肠炎、痢疾等疾病，导致恶心、呕吐、腹痛、腹泻，严重时甚至危及生命。

第六节 放学离校

观察站

放学后这些同学在做什么？他们做得对吗？

诵儿歌

放学儿歌

放学铃声响，老师把话讲。
再见离课堂，这样最有礼。
桌面整理快，凳子归位轻。
抬头又挺胸，排队出教室。
楼内静无声，礼让有修养。

1. 同学们，放学后你会做哪些事情？
2. 说一说放学后常见的不文明现象有哪些。应该怎样改正？

1. 放学后，同学们要认真完成老师布置的作业。
2. 走读生按年级排队，有秩序地离校。
3. 每个学生必须有家长来接，方可离校。
4. 同学们做游戏时，要注意安全，文明友好。

第七节　爱护公物

观察站

仔细观察图中的同学，他们的做法对吗？为什么？

诵儿歌

爱护公物

小椅子，双手搬。
轻放好，再坐下。
人离开，椅收好。
爱护它，常擦洗。

1. 自由发言：平时你是怎样爱护公物的？
2. 如果遇到损坏公物的行为，你会怎么做？

刚油漆过的课桌上是谁留下的刻痕？新刷的墙壁怎么会有那么多的脚印？不用对视，不用推脱，损坏者就在我们中间。公物是大家的，一旦被损坏，就会给大家带来不便。我们都要爱护公物。

第八节　爱护环境

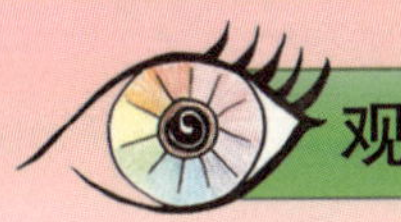

下面哪幅图的环境好？你喜欢生活在怎样的环境中？

诵儿歌

保护环境小儿歌

保护环境很重要，你我人人尽份力。
看到垃圾要捡起，分类放进垃圾桶。
果皮纸屑不乱扔，随地吐痰很不好。
电池千万别乱扔，污染环境可不好。
草坪千万别踩踏，绿色更要保护好。
保护环境无小事，爱家爱国爱世界。

智慧树

1. 自由发言：在日常生活中，你是怎样爱护环境的？
2. 看到破坏环境的行为，你会怎么做？

知识导航

水是生命之源，请节约每一滴水。

将垃圾分类，不仅减少污染，还能创造价值。

电器不用时，关闭开关，拔下插头。

不用一次性筷子，就是挽救森林。

名言警句

1. 保护环境，人人有责。
2. 环境保护从你我身边做起。
3. 青山清我目，流水静我耳。

第九节　热爱劳动

观察站

仔细观察，图中的他们在做什么？

诵儿歌

热爱劳动

春天来了好美丽，温暖阳光照大地。
小朋友们齐劳动，大家干得真带劲。
你洒水来我扫地，你擦黑板我抹桌。
你浇花来我种树，不怕脏来不怕累。
劳动成果要保护，校园环境多美丽！

民谚俗语

1. 种豆得豆，种瓜得瓜。
2. 人勤穷不久，人懒富不长。
3. 最甜的果实是自己辛勤劳动的结果。

故事链接

小白兔和小灰兔

老山羊在地里收白菜，小白兔和小灰兔来帮忙。

收完白菜，老山羊把一车白菜送给小灰兔。小灰兔收下了，说：“谢谢您！”老山羊又把一车白菜送给小白兔。小白兔说：“我不要白菜，请您给我一些菜籽吧。”老山羊送给小白兔一包菜籽。

小白兔回到家里，把地翻松了，种上菜籽。过了几天，白菜长出来了。小白兔常常给白菜浇水，施肥，拔草，捉虫。白菜很快就长大了。小灰兔把一车白菜拉回家里。他不干活了，饿了就吃老山羊送的白菜。

过了些日子，小灰兔把白菜吃完了，又到老山羊家里去要白菜。这时候，他看见小白兔挑着一担白菜，给老山羊送来了。小灰兔很奇怪，问道：“小白兔，你的菜是哪儿来的？”

小白兔说：“是自己种的。只有自己种才有吃不完的菜。”

第十节　勤俭节约

观察站

仔细观察下图，他们做得对吗？

诵儿歌

勤俭节约三字歌

惜粮食，不乱倒，省水电，节约好。
不挑嘴，营养好，少零食，懂环保。
不攀比，朴素好，衣整洁，要做到。
一滴水，一粒米，一度电，一分钱，
不小看，不浪费，要勤俭，要节约。
好行为，早养成，有教养，益终身。

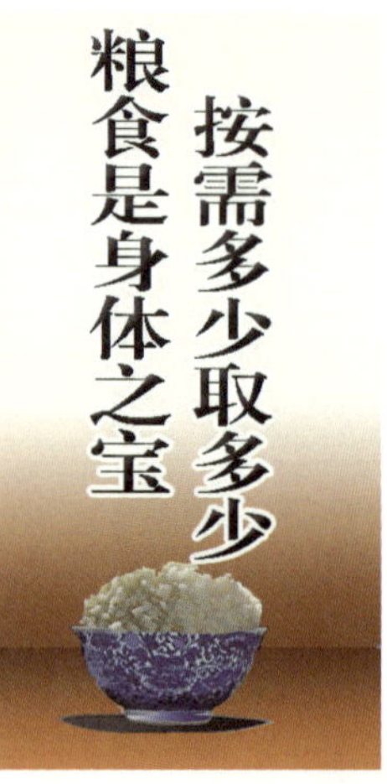

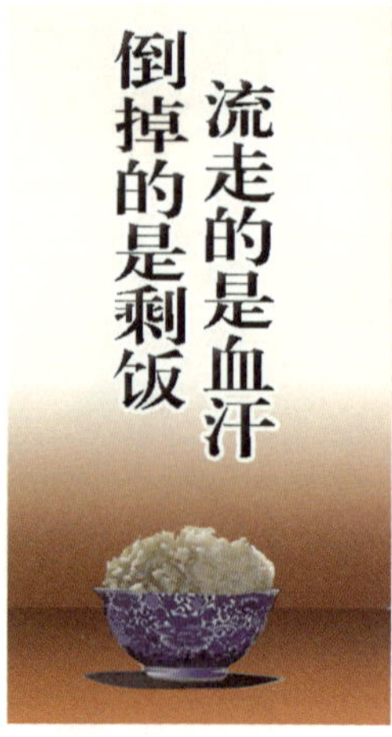

1. 节约粮食，吃饭时按需取餐，不浪费饭菜。
2. 节约水电，要随手关灯、关水龙头。
3. 不攀比，不买奢侈品，不乱花钱。

节约小故事

毛主席爷爷一生粗茶淡饭，睡硬板床，穿粗布衣，生活极为简朴。在他生前用过的 100 多件生活用品中，有一件穿过 20 多年、已补过 73 次的睡衣。他身边的工作人员多次说要给他换一件新的睡衣，可他老人家执意不肯，直到他逝世前夕，仍然穿着这件补丁叠着补丁的睡衣。

第三篇
学习习惯教育
香蕉
苹果

课前准备
乐于读书
课堂好习惯
学习习惯
教育
正确书写
课后好习惯
使用工具书

第一节　课前准备

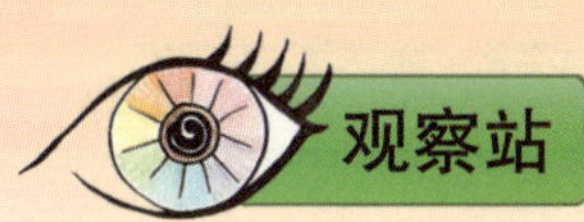

仔细观察下图，同学们都在做什么？

诵儿歌

课前准备歌

上课了，铃声响，我们快步进课堂。
不挤不碰不吵闹，静静坐在座位上。
书本文具放整齐，等待老师把课讲。

智慧树

同学们，你有课前准备的好习惯吗？都做了哪些准备？

知识导航

1. 课前把黑板擦干净，把桌椅摆放整齐。
2. 预备铃一响，马上进教室，把书本、练习本和文具放好，端正坐好，安静等候老师上课。
3. 上课时，不迟到，不早退。
4. 课前去厕所，上课期间尽量不去厕所，特殊情况除外。
5. 如果有事及时报告老师，准假后方可离开。
6. 养成课前预习的习惯。

第二节　课堂好习惯

观察站

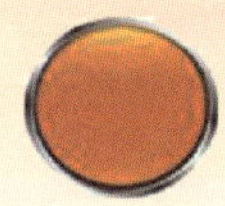

仔细观察图片，他们在做什么？做得对不对？

诵儿歌

上课歌

上课铃声响，快快进课堂。
起立要站直，坐正不乱晃。
不做小动作，专心来听讲。
发言先举手，回答声音响。
课堂认真听，争做好学生。

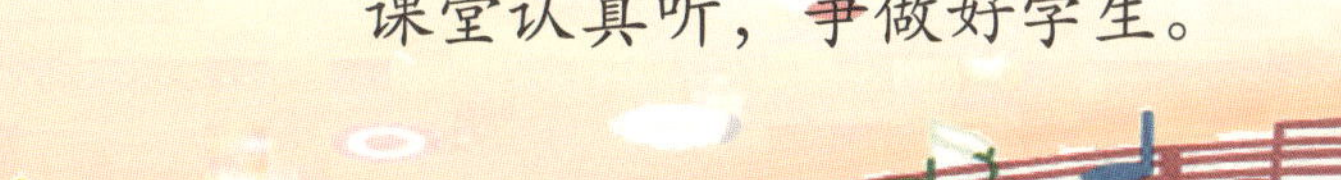

智慧树

1. 课堂上，你有哪些好习惯？
2. 遇到不会的问题时，你会怎么做？

知识导航

1. 上课专心听讲，认真思考问题，积极举手发言。
2. 发言时先举手，得到老师允许后，方可站起来回答。
3. 回答问题时要起立，要讲普通话，声音要洪亮。
4. 积极开展小组合作学习，分组讨论，动手操作，互帮互助，共同进步。
5. 要认真倾听同学发言，并积极主动地发表自己的观点和意见。

第三节 课后好习惯

观察站

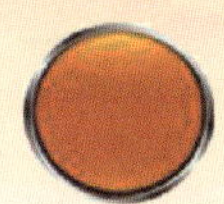

仔细观察下图，同学们下课后是怎么做的？

诵儿歌

下课了

叮铃铃，下课了，师生再见有礼貌。
桌上东西收拾好，放进我的小书包。
下节要上什么课，快把课本放桌上。
脚步轻轻出教室，一起游戏有乐趣。

智慧树

1. 下课后，你是怎么做的？
2. 比一比，下课后哪一组做得最棒？

知识导航

1. 老师宣布下课后，全体起立跟老师再见。
2. 下课后，收拾好自己的学习用具。
3. 下课后，养成按时独立完成作业的好习惯。
4. 爱惜学习用品，不乱扔、不故意损坏，不随便拿他人的书本和文具。

第四节　使用工具书

观察站

你认识这些工具书吗？它们各有哪些用途？

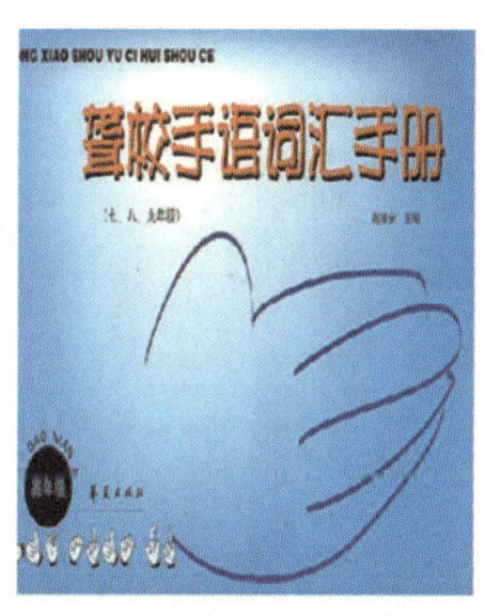

诵儿歌

查字典

小小字典手中拿，看我来把汉字查。
定部首，数几笔，部首目录找到它。
部首外，再数数，检字表中找门牌。
快快快，快快翻，找到正文找到家。

1. 在日常学习中，你经常使用哪些工具书？
2. 小组讨论：使用工具书有哪些好处？

1. 小学生常备的语文工具书有：《新华字典》《现代汉语词典》《汉语成语小词典》等。
2. 工具书的功用：解释疑难问题、规范语言文字等。
3. 学会使用工具书：熟悉和了解各种工具书的类别和性质，掌握各种查字法。
4. 查字典常用的方法：音序查字法、部首查字法和笔画查字法。

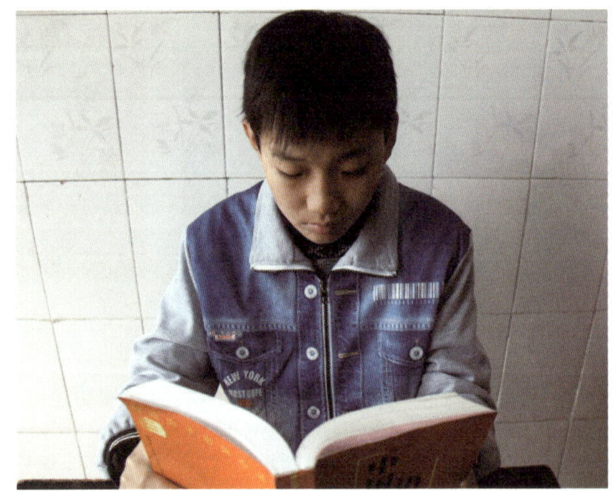

第五节　正确书写

观察站

书写姿势要正确。下图中哪一位同学做得好？

诵儿歌

写字歌

写字姿势要端正，身体坐正书放平。
头要正，稍前倾，身要直，双肩开。
脚要稳，左右称，手握笔，力适中。
一寸一尺和一拳，学好知识身体健。

1. 书写时，你的姿势正确吗？如果不正确，你应该如何改正？
2. 当你看到同学写字姿势不正确时，你如何劝他改正？

书写姿势

头正肩平挺起胸，
双腿并排脚放平，
身子稍微向前倾，
自然大方坐端正，
眼离书本一尺远，
胸离桌边一拳远，
手离笔尖一寸远，
写字要领记心间。

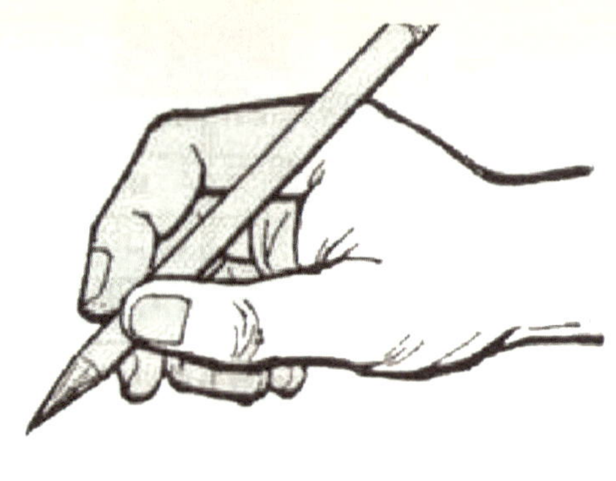

执笔姿势

手腕向前伸着，
拇指食指捏着，
三指四指托着，
五指向后藏着，
笔尖向前斜着，
笔杆向后躺着，
轻轻松松提笔，
平心静气写字。

第六节　乐于读书

观察站

仔细观察下图，哪些同学值得我们学习？

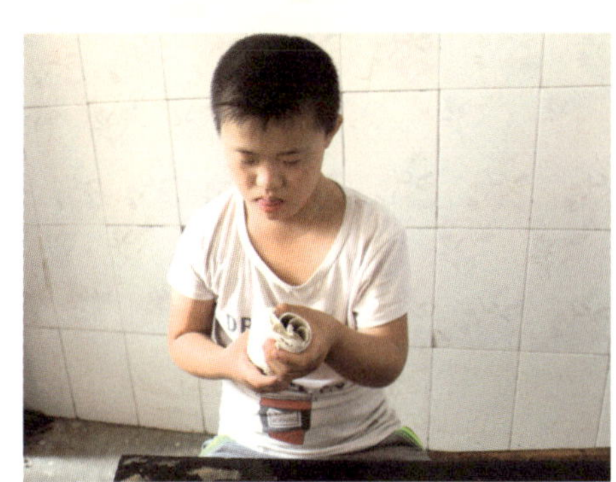

诵儿歌

读书谣

小朋友，年龄小，从小读书最重要。
读书好，读书好，书中自有万件宝。
你也找，我也找，唯有勤奋不取巧。
勤诵读，思不厌，读遍万卷奇迹现。
天天读，天天看，养成读书好习惯。

1. 同学之间互相交流，说说自己读过哪些课外书。
2. 小组讨论：怎样才能养成读书的好习惯？

1. 读书百遍，其义自见。
2. 读书破万卷，下笔如有神。
3. 读书有三到，谓心到，眼到，口到。
4. 黑发不知勤学早，白首方悔读书迟。

自主读书的习惯

1. 养成边读边想、圈点勾画、写读书笔记的良好习惯，注重知识的积累。
2. 乐于读书，愿意和书交朋友，养成阅读的好习惯。
3. 不阅读不健康的书籍，不看不健康的光盘，不浏览不健康的网站。
4. 爱护书籍，不在书本特别是公用书籍上乱写乱画。

第四篇
文明礼仪教育

文明礼貌
诚实守信
文明礼仪
教育
尊老爱幼
助人为乐

第一节　文明礼貌

图中的同学在做什么？你从中学到了什么？

诵儿歌

文明礼仪歌谣

同学们，都知道，礼貌用语记得牢。
对待长辈要用您，早晨见面说声早。
平时互相问声好，分别再见别忘了。
若求人，请字先，最后别忘说谢谢。
影响别人对不起，回答请说没关系。
做个文明好孩子，人人夸奖数第一。

智慧树

1. 怎样做一个讲文明懂礼貌的好孩子？
2. 当家里来客人时，你是怎样接待客人的？

知识导航

小学生习惯养成

1. 进别人的房间要敲门
2. 使用礼貌用语
3. 用双手接递长辈的东西
4. 坐有坐相，站有站相
5. 礼貌待客
6. 不乱翻别人的东西
7. 不随便打断别人的话
8. 在公共场所要安静
9. 见到熟人主动打招呼

礼貌用语

第二节　尊老爱幼

观察站

仔细观察下图，图中的同学在做什么？

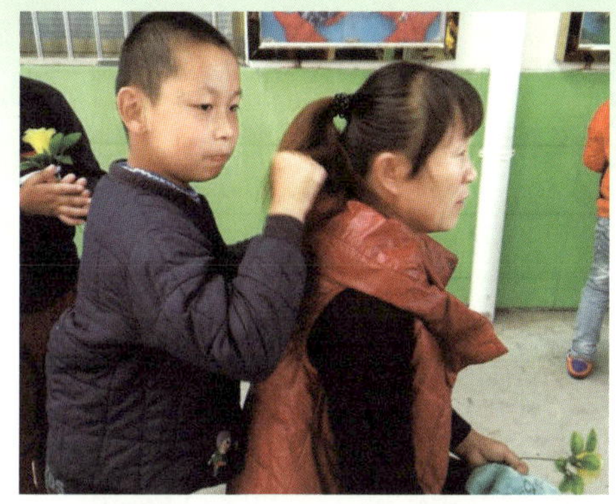

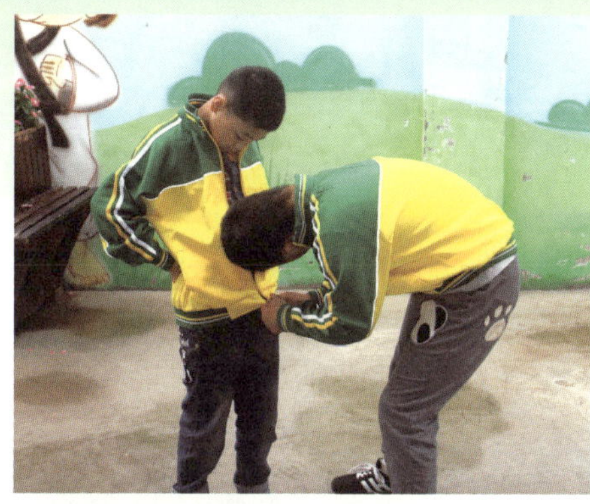

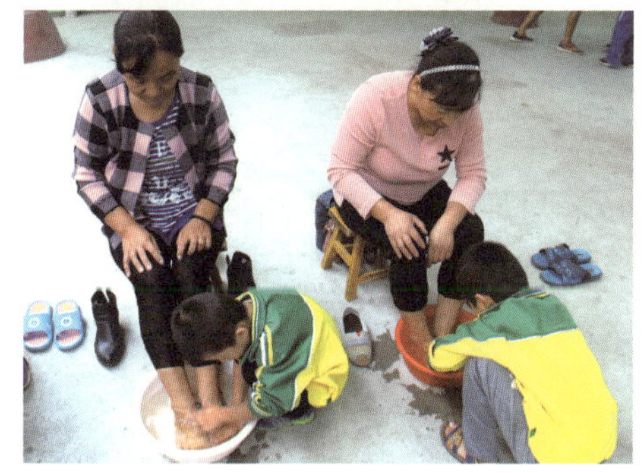

诵儿歌

尊老爱幼《新三字经》

对长辈，忌无礼，凡出言，用敬语。
虐老人，悖情理，天不容，法不依。
父母老，勿嫌弃，若有病，快就医。
勤照料，细护理，寸草心，报春晖。
羊跪乳，乌反哺，父母在，儿孙福。

智慧树

1. 生活中，说一说你是怎样尊老爱幼的。
2. 故事大赛：讲一个尊老爱幼的历史故事。

故事链接

黄香孝亲

黄香，东汉人，少年时就善于写文章，其最为人称道的是他从小就很孝敬父亲。当时的人称颂他“天下无双，江夏黄香”。

黄香九岁时，他的母亲去世了。黄香十分悲伤，就把对母亲的思念和爱全部倾注到父亲身上。闷热的夏天，黄香就在睡前手执蒲扇，扇凉父亲的枕席，并驱赶蚊虫。寒冷的冬夜，黄香就先用自己的体温暖好父亲的被窝，再回到自己的床上睡觉。黄香用自己的孝心感动了父亲，更温暖了世人。“黄香温席”的故事就这样传开了，街坊邻居人人都夸奖黄香。

人们都说能孝敬父母的人，也一定懂得爱百姓，爱自己的国家。果然不负众望，黄香长大后做了地方官，为当地老百姓做了很多好事。他孝敬父母的故事，也千古流传。

第三节　助人为乐

观察站

仔细观察下图，同学们在做什么？

诵儿歌

助人为乐歌

红领巾，要牢记，助人为乐数第一。
谁有困难就帮谁，不喊苦来不喊累。
楼上住着老奶奶，打扫卫生不方便。
大家赶紧来帮忙，争着把那玻璃擦。
助人为乐是风尚，人人心中要牢记。

1. 你帮助过别人吗？帮助别人后，你的心情怎样？
2. 做一件助人为乐的事。

1. 助人为快乐之本。
2. 人家帮我，永志不忘；我帮别人，莫记心上。
3. 助人要从日常小事做起，不因善小而不为。

助人为乐

1. 一阵风把小明的帽子吹到树上，小明急哭了。

2. 小猴子听见小明的哭声，蹦蹦跳跳来帮忙。

3. 小猴子迅速爬到了树上，拿到了帽子。

4. 小猴子把帽子戴到了小明头上，小明连忙说：“谢谢！”

第四节 诚实守信

观察站

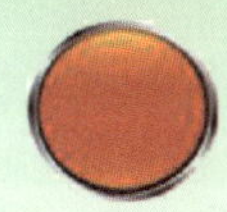

观察下面几幅图，说一说他们做得对不对。

诵儿歌

诚实守信最重要

同学之间不张扬，朋友之间不欺瞒。
家长面前不撒谎，老师面前不夸张。
做错事情要改正，说错话后要承认。
承诺之言要遵守，答应之事要做到。
从小要说老实话，诚实守信人人夸。

1. 生活中，你是一个诚实守信的孩子吗？举个例子说一说吧。
2. 故事大赛：讲一个诚实守信的故事。

捧着空花盆的孩子

很久以前，有位国王要挑选一个诚实的孩子做王位继承人。国王吩咐大臣给全国的孩子每人发一些花种，并宣布：谁能用这些种子培育出最美的花，谁就是他的继承人。

有个叫哈里的孩子，十分用心地培育花种。十天过去了，一个月过去了，花盆里的种子却不见发芽。哈里又给种子施了些肥，浇了些水。他天天看啊，等啊，种子就是不发芽。

国王规定的日子到了。孩子们捧着盛开着鲜花的花盆走上街头。国王从孩子们的面前走过，看着一盆盆鲜花，脸上没有一丝高兴的表情。突然，国王看见了手捧空花盆的哈里。他停下来问：“你怎么捧着空花盆呢？”哈里把种子不发芽的经过告诉了国王。国王听了，高兴地拉着他的手说：“你就是我的继承人！”

孩子们问国王：“为什么您让他做继承人呢？”国王说：“我发给你们的花种都是煮熟了的，这样的种子能培育出美丽的鲜花吗？”

第五篇
安全教育

交通安全
远离火灾
安全教育
用电安全
食品安全

第一节　交通安全

观察站

仔细观察下面的图画，说一说他们做得对不对。为什么？

诵儿歌

交通安全歌

小学生，起得早，交通小队排得好。
过马路，走横道，交通安全要记牢。
绿灯亮了放心走，红灯亮了别抢行。
黄灯亮了停一停，人人遵守红绿灯。
红绿黄灯是命令，标志标线要看清。
听指挥，别乱跑，平平安安到学校。

1. 你了解哪些交通安全知识？
2. 交流讨论：不遵守交通安全的后果是怎样的？

1. 红灯停，绿灯行，黄灯亮了等一等。
2. 马路上靠右走，过马路走人行横道。
3. 马路上打闹、游戏、滑旱冰，危险！
4. 不坐无车牌、无驾驶证、无营运执照的机动车辆。
5. 不要横跨护栏，不要在斑马线以外过马路。
6. 未满 12 岁的儿童不能在马路上骑车。

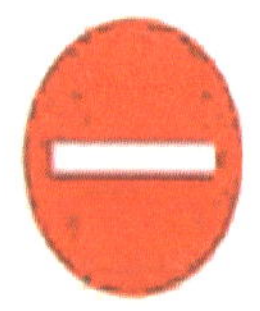
禁止驶入

禁止鸣喇叭

减速让行

禁止攀爬

禁止吸烟

慢行

注意信号灯

注意危险

高压危险

当心火灾

向左转弯

向右转弯

直行

步行

鸣喇叭

第二节　用电安全

观察站

仔细观察下图，说一说他们的做法对不对。为什么？

诵儿歌

用电安全

照明电，不要玩，千万不能摸电线。
电线处处有危险，用电常识记心间。
电器插座别乱动，开关不能瞎摆弄。
打雷天要闭开关，防止雷击一瞬间。
变压器，不能爬，高压电源危险大。
电视剧，动画片，躺在床上不要看。
迷迷糊糊睡着了，小心电视被烧烂。

猜谜语

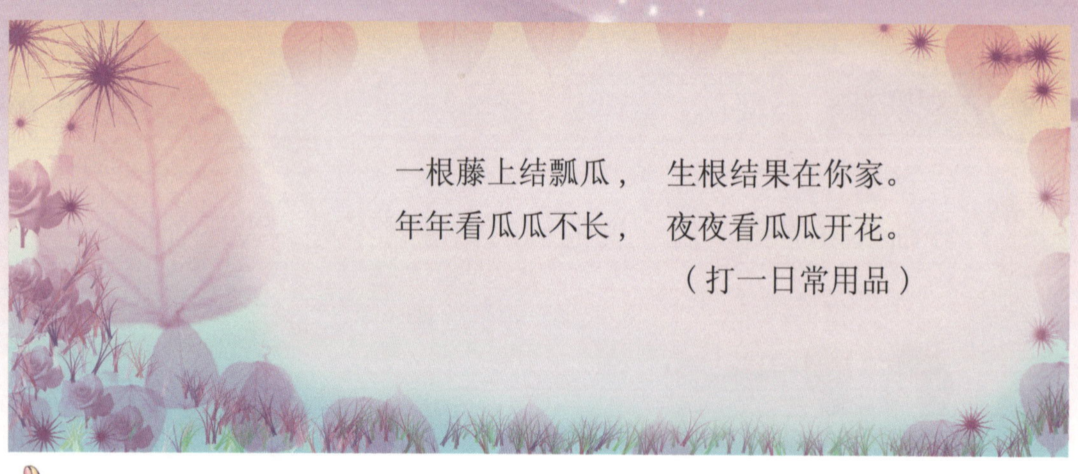

一根藤上结瓢瓜， 生根结果在你家。
年年看瓜瓜不长， 夜夜看瓜瓜开花。
（打一日常用品）

知识导航

注意安全用电

1. 认识并了解电源的总开关，学会在紧急情况下切断总电源。
2. 不用手或导电物去接触电源。
3. 不用湿手触摸电器，不用湿布擦电器。
4. 电器用完后应拔掉电源插头。
5. 不随意拆卸、安装电器和电源线路。
6. 不用手玩弄电线，不在电线上晾衣服。

第三节　食品安全

观察站

仔细观察下图，你能找出这些食品的生产日期和保质期吗？

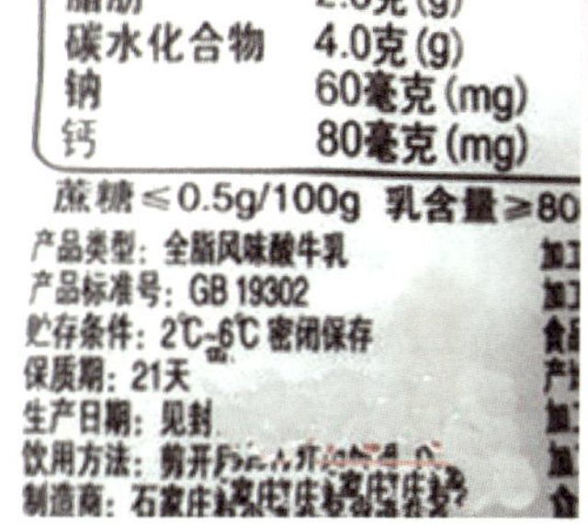

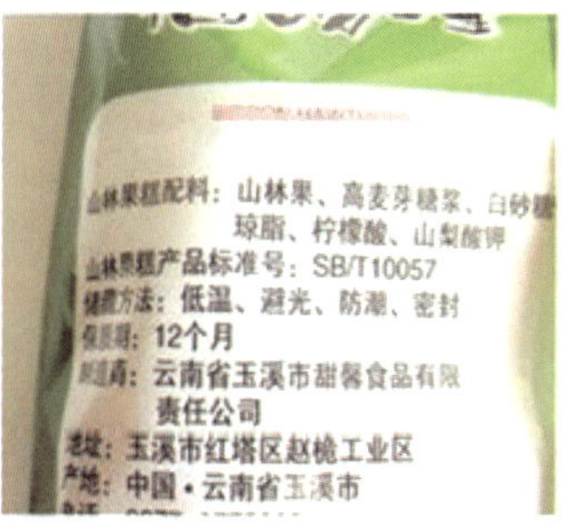

诵儿歌

食品安全歌

吃瓜果，先洗净，预防农药传染病。
小摊饭，要远离，三无食品不要理。
饥饿时，嘴莫馋，洗净手脸再用餐。
重三餐，不偏食，少鱼少肉少糖盐。
细咀嚼，慢下咽，这样身体才健康。

1. 随便吃陌生人给的食物会有哪些危害？
2. 生活中，你吃过哪些垃圾食品？吃垃圾食品对身体有哪些危害？

1. 营养要全面，不挑食，不偏食。
2. 养成吃食物前洗手的好习惯。
3. 不买无商标或无出厂日期、无生产单位、无保质期的食品。
4. 少吃零食，不吃垃圾食品，不吃不新鲜或腐烂变质的食品。
5. 多喝白开水，少喝或不喝饮料，不喝生水，不喝存放过久的水。

第四节　远离火灾

观察站

仔细观察下图，说一说哪些做法是正确的。

诵儿歌

远离火灾歌

火灾来了不要怕，先把心情定下来。
如果火苗烧得小，想法把它消灭掉。
如果火苗烧得大，跑到屋外空地上。
赶快拨打 1 1 9，千万不要贪财物。
千万不要跳下楼，千万不要躲衣柜。
如果实在逃不掉，跑到阳台再呼救。

智慧树

1. 同学们，日常生活中哪些行为容易引发火灾？
2. 火灾一旦发生，你应该拨打什么电话求救？电话中你要说清楚什么？
3. 火灾中你应该怎样保护自己？

猜谜语

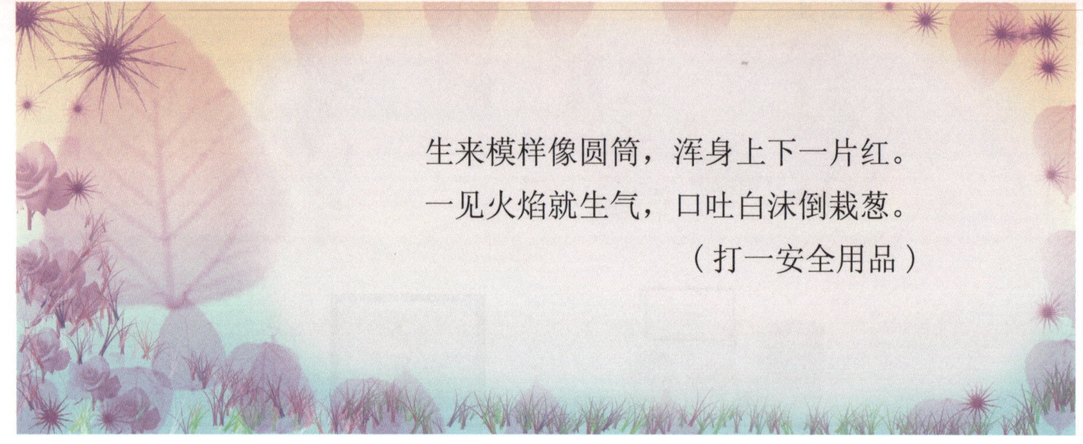

生来模样像圆筒，浑身上下一片红。
一见火焰就生气，口吐白沫倒栽葱。
（打一安全用品）

知识导航

1. 一旦发生火灾或意识到自己被火围困时，要立即想法撤离。
2. 要保护呼吸系统。逃生时可用湿毛巾或餐巾布、口罩、衣服等将口鼻捂严。
3. 要从通道疏散，按照逃生方向箭头等标志的指示逃离。
4. 要有序地迅速疏散，最大限度地减少伤亡。
5. 拨打“119”火警电话时，要说清楚火灾发生地的详细地址、起火物、火势情况。